SOUVENIRS DE L'INVASION

UN ÉPISODE

DE LA

RETRAITE DU MANS

(COMBAT DE CRISSÉ)

Extrait du journal du Commandant du 5e bataillon des Mobiles de la Sarthe.

(JANVIER 1871)

DEUXIÈME ÉDITION

Prix : 75 Centimes

AU PROFIT DU FONDS DE SECOURS DE LA SOCIÉTÉ DES EX-MILITAIRES

SE TROUVE :

Chez tous les libraires de Paris et des départements ;

Au Siège de la Société des Ex-Militaires, 9, rue des Lavandières-Sainte-Opportune, à Paris ;

Chez l'Auteur, 71, avenue de Villiers, à Paris ;

1880

A Monsieur Germain Bapst
Hommage de l'auteur

SOUVENIRS DE L'INVASION

UN ÉPISODE
DE LA
RETRAITE DU MANS
(COMBAT DE CRISSÉ)

Extrait du journal du Commandant du 5e bataillon des Mobiles de la Sarthe.

(JANVIER 1871)

DEUXIÈME ÉDITION

Prix : 75 Centimes

AU PROFIT DU FONDS DE SECOURS DE LA SOCIÉTÉ DES EX-MILITAIRES

SE TROUVE :

Chez tous les libraires de Paris et des départements ;

Au Siège de la Société des Ex-Militaires, 9, rue des Lavandières-Sainte-Opportune, à Paris ;

Chez l'Auteur, 71, avenue de Villiers, à Paris ;

—

1880

Au Général

ROUSSEAU

Secrétaire général de la Grande Chancellerie

de l'ordre national

de la

Légion d'honneur,

Ex-Commandant

de la

1re Division du 21e Corps

de la

2e Armée de la Loire.

UN ÉPISODE

DE LA

RETRAITE DU MANS

(COMBAT DE CRISSÉ)

JANVIER 1871

La bataille du Mans venait de finir. Depuis trois jours nous défendions Pont-de-Gennes et une partie du cours de l'Huisne. Nous n'avions pas fui, nous n'avions pas reculé d'une semelle. La bataille était perdue que nous n'en savions rien encore. Nous étions comme les braves riverains de la Loire, quand l'inondation menace leurs levées. Ils luttent longtemps contre le fleuve dont les eaux grandissent. Tout-à-coup on apprend que la levée vient d'être coupée et que la Loire déborde. Chacun craint d'être cerné par l'inondation qui monte dans la vallée, et le sauve qui peut commence.

C'était un peu ce qui nous arrivait. Tandis que nous tenions ferme, l'ennemi quelque part avait crevé notre ligne de bataille. Il fallait reculer pour la reformer plus loin.

Le 12 janvier, à quatre heures et demie du matin, je reçus ainsi que toute la 1re division du 21e corps, dont le 5e bataillon des mobiles de la Sarthe faisait partie, l'ordre de lever le camp de Montfort. C'était la retraite qui commençait : 150,000 (??) hommes reculaient à la fois du Mans sur Laval, utilisant toutes les routes, tous les détours, tous les chemins de traverse, sur un front de plus de cinquante kilomètres.

Nous avions pour notre lot une ligne des plus irrégulière, Fatines, Sargé, Neuville-sur-Sarthe, La Guierche, Beaumont, Sillé. Les coudes ne manquaient pas. Ajoutez que nous fermions la marche, et que les Prussiens, bien entendu, étaient sur nos talons. Dès la première halte, vers midi, sur les hauteurs de Monceau, entre Yvré-l'Évêque et Sargé, ils annoncèrent leur présence par quelques obus, qui vinrent égayer notre déjeuner. Je dis égayer, car pendant que nos mobiles, que ces alertes ne troublaient plus guère, se portaient avec calme à leurs faisceaux, des mobilisés, qui campaient près de nous, et n'étaient pas encore des mieux aguerris, furent pris sous nos yeux d'une telle panique, qu'ils disparurent en un clin d'œil, se sauvant dans toutes les directions, laissant derrière eux des armes, des effets d'équipement et jusqu'au café qu'ils allaient prendre. Mes mobiles se mirent à rire, tout fiers de leur sang froid. Trois mois auparavant ils en auraient bien fait autant, mais l'aplomb leur était venu avec l'expérience.

Cependant, les obus continuaient à pleuvoir ; la position devenait inutilement dangereuse. On venait d'apprendre la prise du Mans. Nous reçumes l'ordre de continuer la retraite. Nous formions toujours l'arrière-garde. L'artillerie de la division était devant nous. Nous suivions des chemins de traverse, qui, par tout autre temps, eussent été impraticables. Mais la neige durcie par la gelée en avait fait des voies à peu près solides, même pour l'artillerie.

Mais que d'obstacles embarrassaient notre route! Au point où l'itinéraire qui nous était tracé coupait la route de Bonnétable, nous nous heurtons à un encombrement inouï de voitures, de canons, de caissons, de fourgons d'ambulance, de troupes diverses. Tout ce flot qui refluait du Mans, et ne pouvait remonter plus haut sur la route de Bonnétable, se rejetait sur le chemin de traverse que nous devions suivre, et en obstruait complètement l'entrée. Essayer d'y pénétrer, au milieu de cette confusion, c'était mettre le désordre dans le bataillon : nous ne nous y serions jamais retrouvés. Plutôt que de nous faire couper en trois ou quatre tronçons, nous laissâmes passer le torrent, qui vint se faire arrêter un peu plus loin par le général Rousseau. Étouffé par cette cohue dans un chemin étroit, le général y mit ordre, et obligea les corps à marcher à leur place indiquée, en les faisant défiler devant lui.

La nuit était tombée quand nous arrivâmes à Neuville sur-Sarthe ; une nuit de janvier, froide, noire. Malgré la neige qui couvrait la terre, on ne distinguait rien. Au milieu de cette obscurité, la colonne que nous suivions fit un instant fausse route. Il fallut, et ce ne fut pas sans difficulté, faire revenir sur leurs pas, des hommes, séparés pour la plupart de leurs corps, qui croyaient l'ennemi à leurs trousses, et s'imaginaient qu'en faisant volte-face ils tombaient entre ses mains. Pour notre bataillon, il sortit d'embarras en faisant demi-tour et en enfilant la voie ferrée, qui nous amena à la Guierche à onze heures du soir.

Il ne fallait pas songer à y entrer. On n'eût pas trouvé où mettre le pied. Une ferme située sur la droite, avant d'arriver au bourg, fut notre quartier général. Les faisceaux furent formés dans un champ couvert de neige. Les feux de bivouac s'allumèrent dans un chemin creux. Nos mobiles n'avaient que du biscuit. Je trouvai du cidre, qu'on fit chauffer pour tremper une soupe, qui en valait bien une autre, nous ne fûmes pas encore trop malheureux cette nuit-là ; nous en avions eu de plus pénibles, et nous avions fait de plus mauvais repas.

A trois heures du matin, le 13 janvier 1871, ordre de partir pour Beaumont. Comme la veille, nous escortions l'artillerie. Mais pour éviter de nouveaux désordres, le général Rousseau me prescrivit de ne me laisser dépasser par aucune troupe, aucun traînard. Tout ce qui venait derrière mon bataillon, devait se former en bon ordre, et ce n'était qu'à Beaumont que les éléments divers ainsi rassemblés, pourraient pénétrer dans la colonne et rejoindre leurs corps. Malgré des difficultés sans nombre, l'ordre fut exécuté.

Nous entrions à Beaumont à onze heures. Après quatre heures de repos, nous prenons la direction de Sillé-le-Guillaume, toujours à la suite de l'artillerie. Ce service fut plus pénible que la veille. Malgré le froid qui durcissait le sol, tant de passages successifs avaient fatigué la voie. La neige était plus glissante, les ornières se creusaient. Les chevaux avaient peine à se tenir, au moindre obstacle leur sabot battait et creusait la neige sans trouver un point d'appui. Plusieurs fois le bataillon dut attendre une demi-heure, trois-quarts d'heure, pour continuer sa marche, qu'un canon embourbé fut retiré de l'ornière. Le convoi de vivres, qui, avant nous, avait suivi la même voie, avait dû abandonner un certain nombre de voitures dont les roues étaient brisées, ou que les chevaux n'avaient pu conduire plus loin. Dans une de ces voitures, le bataillon put reconnaître en passant une des siennes, qui avait contenu au moins un jour de vivres de réserve. Il ne restait que les caisses vides : les traînards, les maraudeurs, avaient tout gaspillé, laissant même ça et là, des biscuits épars dans la neige. Cette soirée nous parut longue. Il était plus de minuit quand nous arrivâmes à Saint-Rémy-de-

Sillé. Toute la division était logée depuis deux heures. Il restait à peine les locaux nécessaires pour nous mettre à l'abri. Une compagnie, la 2e, fut placée en grand'garde à l'entrée du village, sur la route de Beaumont ; trois furent entassées dans l'église, les trois autres se casèrent à l'entrée du village en s'éloignant le moins possible les unes des autres.

Au jour, nous essayâmes de nous reconnaître. Ce n'était pas chose facile. La principale rue de Saint-Rémy était occupée tout entière par des véhicules de toute espèce : voitures, charrettes, fourgons, caissons; ambulance, vivres, artillerie, tout était pêle-mêle, serré, pressé, massé. Pour passer, il eut fallu des ailes. Les rues de traverse n'étaient pas plus libres : les charrettes y avaient aussi reflué. Les feux de bivouac s'étaient installés partout. A côté de corps plus ou moins complets, commandés par leurs officiers, on voyait des traînards de toute espèce, appartenant à tous les corps, n'obéissant à aucun chef, vivant au hasard. La plupart avaient laissé derrière eux une partie de leur équipement; quelques-uns, leurs armes. Il y en avait de dignes de pitié, épuisés de lassitude, de faim, de froid : mal chaussés, en sabots, ou avec des souliers crevés, entre-ouverts, les jambes enveloppées de haillon, de paille, de foin. Quelques-uns marchaient ainsi depuis cinq jours, jour et nuit, sans repos ni trêve, dans la neige, les pieds à moitié nus, gonflés, violets, sanglants. Le moral était à bout comme le physique. On était découragé, aigri, excédé, on n'avait plus confiance ni respect, La discipline ne tenait qu'à un fil. La défaite, la fatigue, l'insomnie, n'avaient rien laissé debout dans ces âmes bien françaises, hélas! si accessibles à l'enthousiasme qui leur fait accomplir des prodiges, et au découragement qui peut les entraîner à toutes les faiblesses! A ce moment, la nature surmenée, épuissée, parlait seule. Se réchauffer était le premier besoin : ce n'était plus des feux de bivouac, on eût dit des feux de joie. Les fagots entiers flambaient : dans les rues, le long des granges, la flamme léchait les murailles où surplombait un toit de chaume. Le village pouvait brûler, qu'importe ? A force de songer au danger, de fuir, d'être dans les transes, ces fuyards eux-mêmes finissaient par être indifférents à tout. L'ennemi était à quelques heures, personne n'y songeait : manger, si l'on avait arraché quelques vivres, dormir si l'on pouvait, devant le fagot embrasé ; ou seulement se reposer, s'étendre, s'arrêter, ne penser à rien, s'anéantir ! L'imagination n'allait pas au delà. C'était le troupeau indifférent, hébété, stupide, qui attend la tuerie.

A sept heures du matin, le désordre était au comble. Cependant il fallait faire passer l'artillerie, se reconnaître, empêcher une retraite de dégénérer en déroute. Une attaque soudaine des Prussiens (ils ne nous y avaient que trop habitués), devenait un désastre. Le général Rousseau me fait appeler, me charge des fonctions de commandant de place, me donne l'ordre d'arrêter tous les hommes isolés, de leur faire rallier leurs compagnies respectives. La tâche était lourde. Mon bataillon, tombé au milieu de cette cohue y était lui-même empétré. Mes mobiles, épuisés eux aussi, s'étaient logés à l'aventure, une compagnie d'un côté, une compagnie de l'autre. Et puis faire la police des autres corps, se heurter sans cesse à la force d'inertie, essayer de ranimer, de réveiller, de stimuler des inconnus ! Je le tentai cependant, et m'aperçus bientôt que nous ne ferions rien de bon. Je ne suis pas né pour le rôle de Caussidière, ni capable de faire de l'ordre avec du désordre. Il eut fallu être taillé comme lui en Hercule, et de force à soulever de chaque main un homme par le fond de sa culotte, pour débarrasser les rues de Saint-Rémy de cette foule indifférente à toute influence morale. Le plus pressé me parut être de sortir le premier de la cohue, et de trouver quelque position où mon bataillon put offrir une résistance, impossible à Saint-Rémy.

Je me fais montrer la carte cadastrale de la commune

et j'avise près du chemin qui va de Saint-Rémy à la grande route du Mans à Sillé-le-Guillaume, deux grandes fermes, Villé et la Philippière. Chacune pouvait abriter trois cents hommes. Je vais exposer mon plan au général Rousseau : « Vous arrivez à point, me dit-il, je reçois à l'instant même du général Jaurès l'ordre de faire occuper cette position importante, vous êtes mon homme ; allez, je compte sur vous. »

Je quitte Saint-Rémy vers une heure de l'après-midi, n'y laissant qu'une compagnie de grand'garde à l'entrée du village, du côté de Beaumont. Nous marchions dans la neige au milieu d'un épais brouillard. Je reconnais mon terrain, non sans difficulté. Or, voici en quelques mots la topographie du pays que nous occupions.

Le chemin de Saint-Rémy à la route du Mans, qui nous avait conduit à Villé et à la Philippière, coupait, à peu près à angle droit, la ligne générale de retraite. De ce chemin, destiné à relier entre elles nos positions, quatre voies, d'inégale importance, à peu près parallèles, nous menaient à l'ennemi. A notre droite, c'était la route départementale du Mans à Laval, par Sillé-le-Guillaume. La division de Villeneuve, qui occupait sur cette ligne le hameau de Launay, gardait ce passage. Les trois autres lignes, à notre gauche aboutissaient toutes au village de Crissé, situé à 4 kilomètres de nous, que l'ennemi ne pouvait tarder à occuper. C'était d'abord, tout près de nous, la route de Sillé à Crissé, sur la hauteur ; un peu plus loin, dans un replis de terrain, le chemin de fer de Paris à Rennes, et au-delà un petit chemin, presque parallèle à la voie ferrée, qui conduisait également à Crissé, et que je devais utiliser. Ces quatre lignes étaient coupées, comme je l'ai dit, par le chemin de Saint-Rémy au hameau de Launay, qui formait derrière nous un véritable chemin de ronde.

Chemin faisant, je laisse une compagnie pour défendre la voie, une seconde pour protéger le chemin de Sillé à Crissé, et j'installe les quatre dernières, deux par deux, à

Villé et à la Philippière ; Je pousse enfin jusqu'au hameau de Launay, où s'établissait la division de Villeneuve, et je fais connaître au chef d'état-major de cette division les positions que j'occupe et l'ordre que j'ai reçu de me relier à elle.

Nous passâmes la nuit dans ces conditions.

Le lendemain matin, 15 janvier, à la pointe du jour, j'allai visiter mes positions, et particulièrement les lignes qui se dirigeaient vers Crissé. Le brouillard avait disparu ; je rectifiai quelques emplacements. A ce moment une compagnie des marins de la brigade du Temple, vint soutenir les deux compagnies que j'avais à la Philippière. La ferme fut crenelée, et toutes les dispositions prises, pour résister à l'attaque qu'on attendait sur la route du Mans à Laval. Même disposition à Villé. J'allai ensuite m'établir à l'entrée de la route de Crissé, et à un kilomètre en avant, à un endroit où cette route se rapproche de la voie ferrée, je fis placer, en grand'garde, la 7e compagnie commandée par le capitaine Dalmagne.

Vers neuf heures, une reconnaissance des éclaireurs algériens, qui rentrait à Sillé par cette même route, me criant en passant au galop : Prussian ! Prussian ! Je me portai aussitôt jusqu'à la grand'garde, prévins le capitaine Dalmagne de se tenir prêt, et fis envoyer en avant quelques éclaireurs, pour nous renseigner à temps et avec certitude, sur les mouvements de l'ennemi. Je fis en même temps demander la 2e compagnie que j'avais laissée en grand'garde, à St-Rémy.

Ces dispositions étaient à peine prises que je recevais du colonel de Villars, qui commandait la 2e brigade, l'ordre d'observer la route de Crissé, où des reconnaissances ennemies étaient signalées. Un avis du commandant du May, chef d'état-major de la 1re division, me prévenait en même temps que derrière les éclaireurs Prussiens, on signalait une colonne d'infanterie et de cavalerie. Enfin le général Rousseau se présentait lui-même, approuvait les dispositions prises, me recommandait de tenir ferme, et me promettait du renfort. Un instant après, un cuirassier blessé, soutenu par un de ses camarades, arrivait et nons annonçait l'approche des Prussiens. Presque aussitôt, c'est-à-dire vers 10 heures, les premiers coups de feu se firent entendre, et bientôt les balles vinrent siffler à nos oreilles, la plupart passant au-dessus de nos têtes. On nous croyait plus loin.

L'ennemi d'ailleurs s'était logé dans le repli de terrain que suit la voie ferrée, et profitant de la courbe du chemin de fer, très prononcée près de Crissé, s'était posté là comme dans une tranchée, et tirait sur nous au juger de bas en haut. Notre poste avancé, vigoureusement attaqué, avait été obligé de reculer. Mais le capitaine Dalmagne et la 7e compagnie vint aussitôt le soutenir, et tint ferme, malgré le nombre croissant des assaillants, jusqu'à l'arrivée du capitaine Lucas et de la 3e compagnie, que je fis avancer pour l'appuyer. Avant même que ce renfort fut arrivé, la solidité de la 7e compagnie, et la résolution dont fit preuve le brave capitaine Dalmagne, avaient arrêté l'ennemi. Mais de nouveaux renforts s'avançaient et nous allions prendre l'offensive à notre tour. (1)

Trois compagnies du 26e de ligne, d'un effectif un peu faible, mais résolues, nous étaient amenées par le capitaine Barafort; j'envoyai la première soutenir les compagnies

---

(1) « Pendant ce temps, le général Rousseau, établi à Saint-Rémy-de-« Sillé avec la 1re division, apprenait par ses reconnaissances que « d'autres colonnes ennemies, débouchant de Crissé, s'approchaient par « la chaussée du chemin de fer et par le chemin qui lui est parralèlle. Le « 5e bataillon de la Sarthe (commandant Safflet), qui gardait ces deux « issues et qu'appuyait le 22e de ligne, reçut bravement le choc de ces « colonnes. » — (Général Chanzy, 2e armée de la Loire (2e édition), livre quatrième).

Dans la 1re édition de son ouvrage, le général Chanzy avait fait commander le 5e bataillon de la Sarthe par le capitaine Barafort, il a rectifié cette erreur; mais c'est à tort qu'il en a laissé subsister une autre en faisant toujours figurer dans la 2e édition et les suivantes le 22e de ligne à la place du 26e. (*Note de l'auteur*).

Dalmagne et Lucas, je dirigeai la seconde sur la voie ferrée, gardant en réserve la 3e compagnie, dont le capitaine Barafort s'était réservé le commandement.

Ces mouvements étaient à peine opérés, qu'au milieu d'une fusillade des mieux nourries, un détachement du 58e de ligne, venant de Saint-Rémy, arrivait sur la voie ferrée. Poussé en avant tout entier par son chef le commandant Bonnefond, qui le revolver à la main, faisait parler la poudre, et excitait les plus timides, le 58e s'élance au pas de course, à la suite de la compagnie du 26e de ligne, et par son important concours et son attaque bruyante et vigoureuse, détermine la retraite de l'ennemi. Le détachement du 58e fut lui-même appuyé immédiatement par la 2e compagnie du 5e bataillon de la Sarthe, qui arrivant de Saint-Rémy, fut dirigée sur Crissé, par le chemin qui, à notre extrême gauche, longeait le chemin de fer. Cette compagnie devait prendre l'ennemi en flanc.

Il s'agissait de poursuivre l'avantage obtenu. Je préviens le commandant Bonnefond que je me repose sur lui de la défense de la voie ferrée, et suivi du capitaine Barafort et de la 3e compagnie du 26e de ligne, je pousse en avant les compagnies engagées les premières sur la route de Crissé, qui, de la vigoureuse défensive qu'elles avaient opposée, allaient passer à une offensive non moins vigoureuse.

Ces compagnies poussées en avant, débusquent, à la bayonnette, des maisons qui bordent la route, les Prussiens qui s'y étaient retranchés, et font plusieurs prisonniers dont deux blessés. En approchant de Crissé, près d'un hameau qui domine la voie ferrée, la résistance devint plus opiniâtre. Mais nos hommes, enlevés par leurs officiers, et plus particulièrement par les capitaines Dalmagne et Lucas, du 5e bataillon de la Sarthe, et les sous-lieutenants Pinguet, du même bataillon, et Durmort, du 26e de ligne, chargèrent à la bayonnette, et après avoir fait de nouveaux prisonniers, mirent en complète déroute les Prussiens, dont un assez grand nombre abandonna ses armes, que nous dûmes un peu plus tard faire briser, faute de moyens de transport pour les enlever.

Pendant ce temps, le commandant Bonnefond, avec le 58e de ligne, la 2e compagnie du 26e de ligne, et la 2e compagnie du 5e bataillon de la Sarthe (capitaine Le Breton), avec une compagnie de fusiliers-marins, qui était venue les rejoindre en dernier lieu, avaient fait une vingtaine de prisonniers, dont un major hanovrien, et pénétrant jusque dans Crissé, après avoir complètement déblayé la voie, s'étaient emparés du pain que les Prussiens y avaient déjà réquisitionné.

Nous étions victorieux sur toute la ligne. Une alerte faillit troubler notre victoire. Le détachement qui, sous la direction du commandant Bonnefond, venait d'opérer sur la voie ferrée, fut informé que des mitrailleuses allaient être placées pour balayer cette voie, et se retira avec précipitation, pour leur laisser le champ libre. Ce mouvement allait être imité par le détachement que je dirigeais, si je ne l'avais arrêté à temps.

J'avais à ce moment même un autre sujet de préoccupation. Le feu de notre artillerie avait cessé sur la route du Mans. L'ennemi était-il vainqueur sur cette ligne ? Sur la hauteur que j'occupais, comme sur un promontoire, dans un poste avancé, n'étais-je pas exposé à être tourné ? Qu'étaient devenues mes quatre compagnies, qui à la Philippière et à Villé avaient eu, elles aussi, leur poste de combat à défendre ? Je m'assurai d'abord que ces quatre compagnies étaient à leur poste. Celles de la Philippière ne l'avaient pas quitté ; les deux compagnies de Villé, qui s'étaient éloignées sur un ordre mal interprêté, occupaient de nouveau cette position. Sentant ma droite appuyée par ces deux détachements solidement retranchés, après avoir éclairé ma marche par des reconnaissances, je poussai en avant tout mon monde, persuadé que l'ennemi qui nous envoyait encore quelques coups de fusil, n'était pas loin.

La petite colonne n'avait pas fait cinq cents pas au-delà

du hameau dont elle avait débusqué l'ennemi, qu'elle fut assaillie par une vive fusillade venant de face et de flanc sur sa droite. Il était évident que les Prussiens, chassés de Crissé, s'étaient retirés sur la route du Mans, à Sillé, pour s'appuyer sur le gros de leurs forces. Je fis enlever par une section de la 7e compagnie une maison isolée, située à droite sur une élévation de terrain qui dominait les environs. J'établis ma réserve dans un chemin creux, sous le commandement du capitaine Barafort, et j'allai à mon tour en éclaireur. Je me vois encore. Le jour allait bientôt nous manquer; je traversais des champs où la neige s'était amoncelée à tel point que mon cheval en avait jusqu'au ventre. Ce ne fut pas sans peine que je pus reconnaître la position de l'ennemi, et indiquer à chaque compagnie la position à prendre et la direction à donner à ses feux. Le soin ne fut pas inutile. Vers six heures et demie, malgré le verglas qui tombait et la nuit qui devenait obscure, la fusillade de l'ennemi prenait une certaine intensité, lorsque j'y fis répondre par des feux de peloton et des feux par rang dont l'efficacité fut telle, que le feu des Prussiens, après trois ou quatre salves, s'éteignit comme par enchantement. Quelques moments avant de commencer ces feux, notre colonne avait été renforcée par trois compagnies de mobiles, une de l'Aude et deux de la Loire-Inférieure, qui nous avaient rejoint en criant : Vive les moblots de la Sarthe ! Vive la ligne ! Cris auxquels nous répondîmes par celui de : Vive la France !

Nous étions, cette fois, bien complètement maîtres du champ de bataille. Le succès ne nous coûtait pas trop cher. Le 5e bataillon n'avait eu que trois tués et quinze blessés ; et nos mobiles avaient non seulement montré les mêmes qualités de solidité que dans les affaires précédentes, mais encore fait preuve, en attaquant les Prussiens à la bayonnette, d'une résolution à laquelle on n'était généralement pas habitué. Et que de braves il eût fallu citer ? Deux surtout méritaient une mention spéciale pour la vigueur avec laquelle ils avaient enlevé les hommes sous leurs ordres : le capitaine Dalmagne (1), du 5e bataillon de la Sarthe, qui déjà à Connerré avait donné des preuves de son entrain et de sa bravoure, et le sous-lieutenant Durmort (2), du 26e de ligne, blessé assez grièvement au bras gauche.

Tout victorieux que nous étions, nous n'avions conquis que le droit de continuer paisiblement la retraite. C'était quelque chose cependant, plus peut-être que l'état-major général n'attendait de détachements épuisés par des fatigues de toute espèce. Je n'avais reçu en effet pendant le combat qu'un avis au crayon, qui n'annonçait pas de trop brillantes espérances :

« En cas de revers, la retraite sur Bais, route de Mayenne, sans passer par Sillé-le-Guillaume; se faire indiquer les chemins de traverse. »

R. DE VAUBLANC.

J'envoyai demander au général Rousseau ses instructisns; il me transmit l'ordre de continuer la retraite et de suivre le mouvement de la division qui se dirigeait sur Saint-Martin de Conné. Je fis partir devant moi les détachements des différents corps qui n'appartenaient pas à mon bataillon, et je rentrai dans le cantonnement que j'avais quitté le matin. Il était neuf heures du soir. Depuis dix heures du matin mes hommes étaient au feu, depuis dix heures j'étais à cheval au milieu d'eux.

Après leur avoir fait faire une distribution de viande et donné le temps de manger une grillade, car il ne fallait pas songer à faire la soupe, je me mis en route à onze

---

(1) Alors étudiant en droit, aujourd'hui avocat au barreau de Tours et lieutenant au 70e régiment territorial d'infanterie.

(2) Aujourd'hui lieutenant au 85e régiment d'infanterie.

heures du soir, formant l'extrême arrière-garde de tout le corps d'armée (1).

C'était encore une nuit de fatigue ajoutée à tant d'autres, ajoutée à une rude journée. Cependant nous nous sentions en nous mettant en marche le pas plus léger. Mes mobiles avaient une force nouvelle. Le succès les avait reposés. L'ennemi avait fui à son tour. Cet ennemi, qu'ils ne devaient plus revoir, c'était du moins reculant devant eux qu'ils l'avaient vu pour la dernière fois.

Nous aussi, comme Mithridate vaincu, nous avions le droit de dire :

Et nos derniers regards ont vu fuir les... Prussiens.

P. SAFFLET

(1) « Le succès était donc complet du côté du 21e corps, grâce aux « dispositions prises par le général Jaurès, qui le commandait, à l'énergie « des généraux de Villeneuve et Rousseau et au courage des troupes. « Malheureusement, le 17e corps n'avait pas tenu ses positions et s'était « mis en retraite sur Sainte-Suzanne, dans la crainte d'être tourné par « les colonnes ennemies qui s'avançaient sur la route du Mans à Laval, « à la poursuite du 16e corps. Tenir plus longtemps sur la gauche de notre « ligne, c'était s'exposer à se faire rejeter en dehors des routes fixées « pour la retraite sur Mayenne. Le général en chef, après s'être assuré « que les convois engagés sur la grande route de Sillé à Évron étaient « assez loin pour n'avoir rien à craindre, donna au général Jaurès l'ordre « de se mettre en retraite à la nuit et de venir coucher en arrière de « Sillé-le-Guillaume. — Quoi qu'il en coûtat au 21e corps, encouragé par « ses succès de la journée, cet ordre fut exécuté avec la plus grande « précision, et avec tant de régularité et de calme, que l'ennemi se « retira sur Conlie au lieu de nous poursuivre. » (Général Chanzy, 2e armée de la Loire, livre quatrième).

Paris. - Imp. Ch. Maréchal & J. Montorier, 16, cour des Petites-Écuries.

SIÈGE SOCIAL
A PARIS
Rue des Lavandières-Ste-Opportune, 9

RENSEIGNEMENTS SUR LA SOCIÉTÉ DE SECOURS MUTUELS

DES

EX-MILITAIRES

approuvée par M. le Ministre de l'Intérieur

Monsieur le Général FAVÉ

PRÉSIDENT

Grand-Officier de la Légion d'honneur, membre de l'Académie des sciences.

BUT DE LA SOCIÉTÉ

La Société a pour but : 1° de donner les soins du médecin et les médicaments aux sociétaires malades ; 2° de leur payer une indemnité en argent pendant le temps de leur maladie ; 3° de pourvoir à leurs frais funéraires ; 4° en cas de décès d'un sociétaire, d'accorder une indemnité à sa veuve ou à ses enfants orphelins mineurs ; 5° de donner des secours aux infirmes et aux incurables et de constituer des pensions de retraite à partir de 60 ans d'âge.

CONDITIONS D'ADMISSION DES MEMBRES PARTICIPANTS

Tout *ex-militaire* qui voudra faire partie de la Société comme membre participant, devra en faire la demande au Bureau de la Société (9, rue des Lavandières-Ste-Opportune, ouvert tous les jours non fériés, de 2 à 4 heures) et produire les pièces suivantes :

1° *Un certificat de domicile, constatant sa moralité ;*

2° *Un certificat de non-infirmité délivré par le médecin de la Société de sa circonscription ou arrondissement ;*

3° *Son livret militaire ou un congé, ou un certificat de bonne conduite, et à leur défaut, une pièce quelconque justifiant de sa présence sous les drapeaux à quelque titre que ce soit ;*

4° *L'Extrait d'acte de mariage, si la demande est faite par un ménage.*

Les Gardes de Paris, Gendarmes ou Sapeurs-Pompiers n'auront à produire qu'un certificat de non-infirmité.

Il faut être âgé de 20 ans au moins et de 50 ans non révolus au plus pour être membre participant. Toutefois il pourra être dérogé au minimum d'âge en faveur d'un ménage dont la femme aurait moins de 20 ans.

OBLIGATIONS A CONTRACTER ENVERS LA SOCIÉTE

Tout sociétaire participant doit s'engager à payer régulièrement :

1° Une cotisation mensuelle de 2 francs pour les hommes et de 1 franc pour les femmes ;

2° Un droit funéraire annuel de 1 fr. 50 c. ;

3° Un droit d'admission suivant le tarif ci-après :

Le tarif du droit d'admission pour les hommes est fixé ainsi qu'il suit :

1° de 22 à 27 ans inclusivement	. . . .	Fr. 2 50
2° de 27 à 35 ans	»	» 5 »
3° de 35 à 40 ans	»	» 10 »
4° de 40 à 45 ans	»	» 15 »
5° de 45 à 50 ans	»	» 30 »

Le droit d'admission pour les femmes est, suivant le même degré d'âge, fixé à la moitié du montant indiqué ci-dessus pour les hommes.

En raison de l'importance du droit d'admission, il est accordé au récipiendaire un délai de six mois pour lui en faciliter l'acquittement.

AVANTAGES DE LA SOCIÉTÉ

Après six mois d'inscription entièrement écoulés, et après avoir intégralement payé son droit d'admission, ses cotisations et son droit funéraire, tout sociétaire participant malade obtient les soins du médecin, les médicaments et une indemnité en argent fixée à:

Fr. 2 » par jour pendant les deux premiers mois;
» 1 50 » le troisième mois;
» 1 » » le quatrième mois.

L'indemnité accordée aux femmes est fixée à la moitié de celle indiquée ci-dessus pour les hommes.

Le maximum de l'indemnité en argent est fixé à 220 francs par an pour les hommes et à 110 francs pour les femmes.

En cas de décès, la Société assure au sociétaire un enterrement convenable dont tous les frais sont à sa charge et fixés par le Conseil dans son règlement intérieur.

Lors du décès d'un sociétaire, la Société accorde un secours une fois payé de 60 francs à sa veuve légitime, ou à son défaut, ladite somme sera répartie entre tous ses orphelins mineurs.

ADMISSION DES MEMBRES HONORAIRES

Toute personne qui désirera faire partie de la Société comme membre honoraire, membre honoraire perpétuel ou membre d'honneur bienfaiteur, devra se faire inscrire chez un des membres du Conseil d'administration ou au secrétariat de la Société (9, rue des Lavandières-Ste-Opportune).

Les membres honoraires s'engagent à payer une souscription annuelle dont le minimum est fixé à 12 francs.

Ceux d'entre eux qui verseraient à la Société, dans la même année, en un seul ou en plusieurs versements, la somme de 100 francs au moins, prendront le titre de membres honoraires perpétuels.

Le versement, dans les mêmes conditions, d'une somme de 240 fr. au moins donnera droit au titre de membre d'honneur bienfaiteur.

EMPLOIS

La Société s'occupe du placement de ses membres participants ou honoraires.

En conséquence, les sociétaires qui voudraient obtenir des emplois, par l'intermédiaire du Conseil d'administration, devront envoyer leur demande explicative au bureau de la Société.

Par contre, ceux qui auraient à offrir des emplois sont priés d'en donner avis au secrétaire de la Société, en faisant connaître le genre d'employés dont ils auraient besoin, soit pour eux mêmes, soit pour leurs connaissances.

NOTA. — Pour plus amples renseignements sur la Société, s'adresser à M. le Capitaine Secrétaire, qui est visible à son bureau (9, rue des Lavandières-Ste-Opportune), tous les jours non fériés, de 2 à 4 heures, ou au Trésorier, M. P. Safflet, capitaine en retraite, 71, avenue de Villiers, à Paris.

www.ingramcontent.com/pod-product-compliance
Ingram Content Group UK Ltd.
Pitfield, Milton Keynes, MK11 3LW, UK
UKHW020412250726
13967UKWH00006B/2596